U0074898

金麻雀召集令 6

數感小學冒險系列

目 錄

人物介紹與故事提要 4

唉～又落鏈了 7

數感百科：機率的歷史故事 18

無法想巷餐廳 25

數感百科：用大腦和紙筆計算機率 36

我愛露露賓果盤 41

數感百科：比直覺更好用的機率 56

數感遊戲：我愛露露賓果盤 60

給家長的數感叮嚀 64

數感企劃緣起 68

王文華和賴以威的數感對談 70

教育學者專文推薦：
葉丙成、林怡辰、溫美玉 72

數感遊戲配件 79

這本故事是在說……

這次跟怪咖三人組對決的關鍵是「運氣」！怎麼樣才能讓運氣變好呢？去廟裡拜拜？買紫水晶或掛個八卦鏡？還是扶老太太過馬路？最後一件是一定要做的，不過跟運氣卻不一定有關聯。

小哲他們在比賽中仔細計算每一步的「機率」，就像下棋，每一步都要謹慎思考，挑選機率最大的選項，讓自己的運氣變得更好。那麼骰子能聽見他們的話，出現他們想要的點數嗎？

天氣預報、東西弄不見、路上巧遇朋友……趕快翻開來，你會發現你跟小哲他們一樣，雖然學校沒教過機率，但每天都會接觸到喔。

人物介紹

鳳凰露露

春田小學新來的宇宙數學社指導老師，她有個特別神祕的大包包，裡頭應有盡有，簡直就像個宇宙黑洞，這是怎麼回事呢？

叮叮

丁小美的綽號，就讀春田小學三年級，常在媽媽開的「慢慢等」早餐店幫忙，算術好，行動力強。

故事提要

宇宙數學社的召集令愈來愈多、是不是代表星球卡爭霸戰要分出最終結果了呢？不過鳳凰露露老師總是猜不透，這次竟然要請社員吃大餐，而且有 1 百多種組合。哇～老師難得這麼大方，是不是真的像小哲想的既來之、則吃之呢？

小哲

蔡維哲的外號，從小跟著爸爸做訂製款的高級自行車，喜歡研究機械構造、組裝模型，更愛動手做。

白熊

熊大為的身材像大熊，是溫暖的男孩，他蒐集了各式各樣的百科全書，立志將來也要寫一套自己的百科全書。

第一章

唉～又落鏈了

星期六下午，天氣很好，白雲很高，3輛單車好像在跟風賽跑。白熊、叮叮與小哲準備繞小鎮騎一圈。

喀！

白熊喊著：「又來了。」

小哲和叮叮急忙停住車子。

「你的車又『落鏈』了？」小哲問。

白熊苦笑著說：「它最近鬧脾氣，騎10次總有1次落鏈。」

「換輛新車吧！你是我的好朋友，我爸爸會給你優待價。」小哲拍胸保證：「我家的單車騎10000次才會落鏈1次。」

白熊單車的鏈條卡得很緊，叮叮好奇的問：

「騎 10 次落 1 次鏈？白熊，你有數過嗎？」

「雖然沒數過，但應該差不多。」

「差不多，也有可能差很多。」小哲笑他。

「我沒認真算過是不是真的騎10次落鏈1次，但是應該也差不多，這種落鏈的機率算很高吧。」白熊一邊說、一邊修鏈條。不過，弄了半天也弄不好：「但是，如果是NBA的球員，投10球才進1球，那他就慘了。」

「他們通常投10球會進5或6球，所以如果你想打NBA，命中率只有0.1，那就真的慘。」小哲講到這兒問：「我家的單車騎10000次才壞1次，那是……」

「小哲，太誇張了。」叮叮搖搖頭：「怎麼可能？」

「當然可能，那表示我家的單車品質好。」小哲隨手幫白熊把鏈條一勾：「行了，走吧！」

哇，卡住的鏈條又順暢的轉動起來。

「小哲，你真不是蓋的。」白熊對他佩服的五體投地。

他們正想再出發時，一部單車經過，是他們以前的幼稚園同學張小花。

張小花戴著大草帽，朝他們揮揮手：「我要回家幫媽媽收衣服。」

「收衣服？」

「因為快下雨了。」張小花的聲音漸漸小了。

看著她遠去的身影，叮叮笑說：「既然有故障率，不知道有沒有『遇到張小花率』？」

白熊說：「1個月上課20天，我們大概1個月遇到她1次，所以是0.05。」

小哲搖搖頭：「如果是天天遇到的話，就應該是百分之百，那是……」

「1。百分之百的機率就是100次裡有100次都會遇到，所以是1。」叮叮指著天上的大烏雲：「白熊，先去你家躲躲吧，我猜我們百分之百會遇到大雨。」

天空像是印證叮叮的話，山頭劈下一道閃電。沒多久，轟隆轟隆的雷聲傳了過來。

大雨落下來時，他們正坐在白熊家。雨，啪啦啪啦打在芭蕉葉上。

叮叮笑：「幸好我們騎得夠快。」

小哲也笑：「幸好白熊的單車後來沒鬧脾氣。」

「以這樣來看，什麼事最可能發生呢？」白熊家有個白板，那是他們家人留言用的，他寫下……

小哲查了手機：「氣象局預報，今天降雨率是70%，所以下雨的機率很高。我家腳踏車壞掉的可能性是0.0001，比被雷打到的機率還低。」

叮叮不服氣：「我只聽過誰的腳踏車壞掉，卻沒聽過誰被雷打到，你家腳踏車壞掉的機率一定比被雷打到高。」

「誰說的，我偏要說，我家的腳踏車是『一定』不會壞。」

白熊放下紅茶：「沒有『一定』這種事，只能說機率高或低。照這樣來看，機率由高到低的順序應該是3、2、1、5、4。」

小哲拿起遙控器：「我現在看卡通，就是一定會發生的事。」

他按下電源鍵，結果電視沒反應。

「怎麼回事呢？」小哲按了半天，電視依然不理他。

白熊檢查一下遙控器：「電池沒電了，我說得沒錯吧，世界上沒有一定的事。」

叮叮正想笑他，落地窗傳來一陣叩叩的聲音，她打開窗戶，一隻金色麻雀飛進來，把嘴裡的卡片放在她手上。

誰都沒看過金色的麻雀；當然，麻雀也不會送卡片。但這是宇宙數學社的召集令，他們漸漸習慣數學社這些奇怪的事。

「遲到就鎖大門，而且一小時內要到。」叮叮大叫：「怎麼來得及？」

「現在出發，時間剛好。」白熊穿好雨衣，跨上腳踏車，喀的一聲……

「又落鏈了！」叮叮搖搖頭：「白熊，你的落鏈機率看起來又變高了。」

春日小學宇宙數學社-終極選拔賽
地點在學校正門口邊無法想巷餐廳
餐廳的門將在六十分鐘後，
準時鎖上，逾時不候

數感百科

機率的歷史故事

如果把每一種數學知識看成一個人，研究三角形、正方形的幾何學早在幾千年前就出現，可說是老爺爺。而機率則是「只有」幾百歲的年輕人。它誕生於一個很有趣的問題，差不多像是：你跟朋友一起中1張200元發票，猜拳決定先贏3把就能拿走發票，獨得獎金。猜到一半上課，你贏2把，朋友贏1把。發票該歸誰呢？

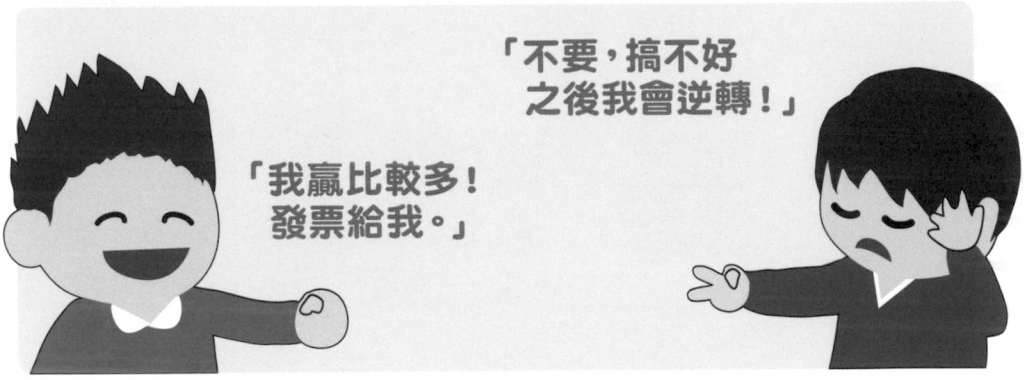

看過上一集，你應該會想到：「我們一起去換獎金，再照猜拳獲勝的比例分……」

不過比例怎麼分配？你贏2把，朋友贏1把，所以是2：1。你拿到的獎金就是200×2÷3，約是133元嗎？這樣真的公平嗎？我們的直覺通常很管用，但也只有「通常」，有些時候直覺會誤導我們喔。

來看一個很有名的問題：班上 23 位同學，有可能「**2 位**」同學剛好同一天生日嗎？應該不太可能。一年 365 天，23 位同學，不會那麼巧剛好同一天生日。但答案跟「丟銅板出現正面的機會」一樣，蠻可能發生的。用數學術語來說：**機率約是 0.5**。

類似意想不到的例子還有很多，例如：手機遊戲給你 3 個寶箱，1 個裝了大獎、2 個空的。當你選定 1 個寶箱後，遊戲從剩下 2 個寶箱中打開 1 個，裡面什麼都沒有。遊戲問：「你想改變選擇，換另 1 個沒開的寶箱嗎？」

你會換寶箱，還是堅持原來的選擇呢？如果選擇換寶箱，恭喜你的直覺還蠻棒的。換寶箱後，中大獎的機率大幅提升，從 33% 升到 67%。再告訴你一開始猜拳分獎金，答案是你可以拿到全部的 $\frac{3}{4}$，也就是 150 元。為什麼會這樣？ 機率，就是這麼一個常常讓直覺揮空棒的數學知識。

秤出「多可能」的磅秤，上面的數字是什麼？

「你的書包重嗎？」被問到時，通常回答：重、不重或是還好。想想第三集教的「單位」，這些形容詞都不精準，無法「比較」。舉例來說，你跟朋友都說自己的書包很重，到底誰的比較重？我們可以去找磅秤量量看，如果你的書包重 1.6 公斤、朋友的書包 1.2 公斤，你的書包比較重。

以下情況都可能發生在你身邊，但有「多可能」呢？

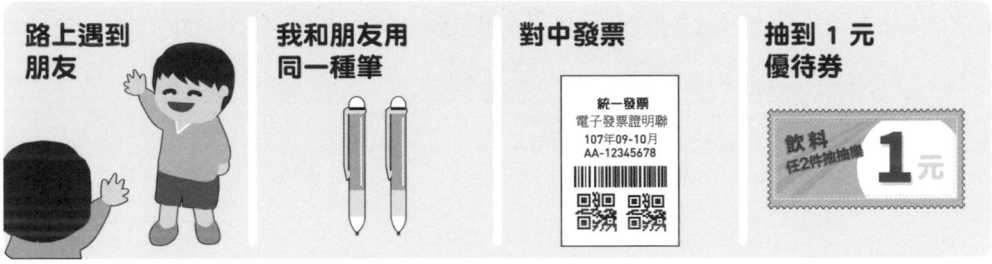

「多可能」就像輕重、長短一樣，是個因人而異、不精確的形容詞。但是當你算出機率是 0.2、0.5 或 0.7，有了數字就可以精確比較，分出哪個情況才是真的「比較有可能」。

唯有被賦予了數字，才能精確比較。

想像一下，有一臺測量可能性的磅秤，機率是這臺磅秤顯示的數字。「機率磅秤」不是一把真的尺或體重計，只存在想像中。這一集，我們要學習在腦中打造一臺機率磅秤，讓你能測量各種可能性。

通常我們用 0 到 1 之間的小數表示機率，像是丟銅板出現正面的機率是 0.5。機率的概念很像第五集的比值。回顧一下，棒球選手打擊率是 0.3，是指每次打擊會打出 0.3 支安打嗎？現實中不可能有 0.3 支安打，所以比只是一種概念，說明兩個數字的相對關係。你也可以解讀成是 10 次打擊有 3 支安打，除以打擊數後變成每 1 次打擊出現 0.3 支安打。

同樣的，丟銅板出現正面的機率是 0.5，表示「丟 1 次銅板，出現 0.5 次的正面」，或「丟 100 次銅板，出現 50 次正面」。用 100 次作為基準比較好想像，所以也有機率的百分比表示法，像是明天臺北的降雨機率是 5%、臺中是 40%。

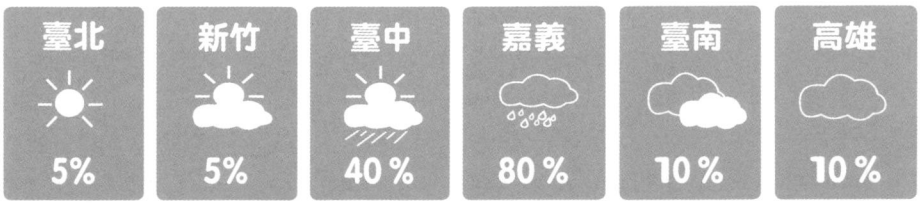

機率的特色：充滿變化

有了基本概念後，我們再深入一點。前面提到丟銅板出現正面的機率是 50%（或 0.5），但你試試看丟 100 次硬幣，出現正面的次數一定不會剛好 50 次，可能是 48 次、53 次或 60 次。連續丟兩回 100 次，得到的結果也不一樣，怎麼會這樣呢？

試著丟 10 元硬幣 10 次並重複 4 輪，
記錄每次出現人頭或 10 元的比例是不是都是 0.5 ？

連續丟10 次	第一輪	第二輪	第三輪	第四輪
人頭				
10 元				

再想想看，打擊率 0.3 的棒球打者，不會每 100 次上場打擊都剛好擊出 30 支安打；命中率 50% 的籃球選手，不會每 100 次投籃都剛好中 50 顆球；幫爸媽對發票，每個月明明發票張數都差不多，但有時候中獎、有時候沒中，偶爾運氣好，一口氣中了 3 張。

「變化」、「運氣」是機率的特性。就算機率 0.000001%，也有可能會發生。否則臺灣威力彩的頭獎中獎率低到約

0.000000045，還是有人中獎。還記得小數怎麼唸嗎？0.000000045 的 5 是十億分位，表示每 10 億人也只有 45 人中獎。

機率值是指同一件事情「**重複**」做非常多次、「**大量觀察**」後的比例結果，而不是每 100 次就要照比例出現。從這個角度來看，是不是覺得數學家很厲害！如果不懂計算機率，要搞清楚一件事多可能會發生，你得反覆觀察事件很多、很多次（想想看丟一萬次銅板，根本是懲罰了）。像天氣預報，更是只會發生 1 次，連反覆觀察的機會都沒有。

機率是重複做非常多次的比例結果，
你有想到哪些大數字的量詞可以稱上「多」呢？
像是恆河沙有多少呢？

數學家連一次明天都不需要經歷，僅僅憑著腦袋裡的機率磅秤，就能知道要是有非常多個明天，其中會有多少比例的天數會下雨，這樣是不是很酷呢？

數學能幫助我們省下很多力氣，甚至能得到原本光憑力氣也得不到的資訊。

第二章
無法想巷餐廳

春田小學的正門邊本來是個小公園，現在，卻多了一條小巷子。

巷口牌子寫著：「無法想巷餐廳，由此進。」

昨天還沒有這條小巷，今天巷底，竟然多了一座白色帳棚，無法想巷餐廳的招牌閃著亮光。那隻金麻雀停在牌子上，歪著頭，看著他們。

「那個帳棚怎麼看都像……」叮叮嘆口氣說：「鳳凰露露的皮包！」

鳳凰露露的皮包，像個黑洞，好像什麼東西都能裝進去，也好像什麼東西都能變出來。如果它要變成一個大餐廳，這個機率不知道有多高？

叮叮還在想，小哲動作快，停好腳踏車，脫下雨衣。

陽光瞬間露臉了，照得大帳棚閃閃發亮。

他們走進帳棚，同時發出一聲：「哇～」

無法想巷餐廳裡，溫度比外頭還涼爽，白熊卻找不到冷氣出口，冷氣從哪兒來的呢？ 他仔細研究了一下，還是找不到線索。餐廳中央是馬賽克吧檯，10張餐桌圍著吧檯， 桌上有閃閃發亮的餐具，還有香噴噴的氣味傳來。

咦，什麼聲音叮咚響。宇宙數學社的孩子都知道，那是他們社團指導老師鳳凰露露來了。

她今天穿著火紅短裙，看著大家，露出一口雪白牙齒：「哦，窩最喜歡的孩子們，泥們好。」

「老師午安。」

「恭喜泥們趕上宇宙數學社的社聚。」她說話時，外頭傳來一陣拍打大門的聲音，應該是有人遲到了。

鳳凰露露搖搖頭：「塔們來不及了，桌子撤了吧。」

穿著銀色制服的服務生搬走2張圓桌。叮叮數了數，現場只剩8張桌子了，每張桌子3個人，那就是剩下24個人。

鳳凰露露跳下吧檯，拍拍手：「社聚開始，可以點菜了。」

叮叮看看四周，怪咖三人組也到了。

一下子，面無表情的服務生來到桌邊，他長得很帥很酷：「菜單，點吧！」

小哲嘆了一口氣：「我每一樣都想吃，可惜肚子沒有那麼大。」

「這是套餐，從沙拉開始選。每一種點一樣，對不對？」叮叮前一句對兩個男生講，後一句對帥哥服務生說。不過，服務生還是沒講話，倒是吧檯前傳來一聲，叮咚。

是鳳凰露露。她輕輕搖了搖頭：「泥們俄不俄？」

「餓死了。」二十幾個孩子大聲的說。

「太好了，泥們只要答對了，就能留下來吃飯。」

「吃飯還要算數學？」小哲嘟著嘴。

「泥應該說，算數學有大餐吃，讚不讚？」鳳凰露露朝著小哲眨了眨眼。

叮叮比較謹慎：「如果答錯了呢？」

「那就打包回家，把泥們點的菜包回家吃。」鳳凰露露說：「題目就在菜單上，仔細看看。」

怪咖三人組怪聲怪調的說：「菜單上只有食物，沒有題目。」

鳳凰露露解釋：「泥們仔細看清楚，菜單的沙拉、湯、主菜和甜點，如果每項只能選一種，一共有多少種選擇呢？把答案寫在菜單上。」

小哲看完菜單，開心的說：「這真是太簡單了，**2 種沙拉＋ 3 種湯＋ 4 種主菜＋ 5 種甜點，答案就是 14。**」他說完，拿了紅筆就想把 14 寫上去。

叮叮趕緊拉著他的手：「我家開餐廳，我最清楚，菜單的組合不是這樣算的。」

叮叮家的早餐店，雖然菜單只有幾樣餐點，但是如果把它們組成套，就可以變化出各式各樣的套餐。她常陪媽媽在店裡做海報，想出最吸引客人的組合。

叮叮把菜單翻過來，用點餐筆解釋：「舉例來說，如果現在只有2種沙拉和3種湯可以選，那可以把2種沙拉先寫成（和風沙拉，鮮果沙拉），3種湯可以寫成（法式湯，義式湯，濃湯）。把它們列出來，應該會長成這樣……」

「你們看，是6種，所以不是加法，應該是乘法：**2種沙拉×3種湯，是6種。**」叮叮放下筆。

小哲接過去，邊算邊說：「所以會有2×3×4×5，那是……120種？」

美味餐點輕鬆配

不愧是叮叮，受過專業的早餐店訓練，一下子就算出正確的組合。雖然我們不像叮叮這麼熟練，卻可以一步步寫出組合喔！

沙拉總共有 2 種：

和風洋芋沙拉

鮮果櫻桃沙拉

湯總共有 3 種：

法式海鮮湯

義式肉丸濃湯

森林野菇濃湯

2 種沙拉和 3 種湯的配對組合就是：

① 和風洋芋沙拉配法式海鮮湯

② 和風洋芋沙拉配義式肉丸濃湯

③ 和風洋芋沙拉配森林野菇濃湯

④ 鮮果櫻桃沙拉配法式海鮮湯

⑤ 鮮果櫻桃沙拉配義式肉丸濃湯

⑥ 鮮果櫻桃沙拉配森林野菇濃湯

總共 6 種組合，也就是叮叮說的 2 種沙拉 × 3 種湯 ＝ 6 種組合。

考考你，那 2 種沙拉、3 種湯和 4 種主菜的組合又是幾種呢？

可以想成先前 6 種組合的每一種，都可以再各自搭配 4 種主菜，
所以就是 6 × 4 ＝ 24

Q 那你有辦法證明小哲說的 2 種沙拉、3 種湯、4 種主菜和 5 種甜點的 120 種組合嗎？

「120 種不同的組合，每一種看起來都好好吃。」小哲忍不住嘆了一口氣：「該怎麼點啊？」

「閉著眼睛點吧，反正你都沒吃過啊。」叮叮建議。

「這種感覺就像抽籤一樣，抽到的機率是 $\frac{1}{120}$。」白熊說：「找自己喜歡的，勇敢點吧。」

小哲點得是：和風洋芋沙拉、法式海鮮湯、厚塊鱷魚排、荔香野桃派。

他又看看叮叮，她點得是：鮮果櫻桃沙拉、森林野菇濃湯、香煎櫻木鴨和楊枝甘露。

「哇，我們的組合雖然不同，但是價格都是 500 元。」

鳳凰露露走過來，接過菜單看了看，隨口問：「小哲，如果泥隨便亂點，最後價格還有可能是 500 元嗎？」

「有可能，雖然食物組合不同，還是可能組合出 500 元的價格來。」

鳳凰露露滿意了，耳環叮咚響了一陣：「OK，泥們要記得這個邏輯喔。」

她拍拍手，成排的服務生提著打包好的食物，送給另外3桌，那些人很不情願的站起來，被服務生請到門外去。

「他們被淘汰了？」叮叮低聲說：「只剩5桌了，但是，怪咖三人組還在。」

送完那3桌，服務生開始上菜了，第一道是沙拉，擺在沙拉碗裡，看起來好好吃的樣子。

「我說得沒錯，菜單的組合是用乘的。」叮叮很開心。

白熊用叉子叉起一塊水果：「不知道接下來會有什麼題目？」

小哲開心的吃下一顆小蕃茄：「不管是什麼，我們一定會贏過怪咖三人組。」

數感百科

用大腦和紙筆計算機率

機率需要懂得運算技巧不多，只需要加、減、乘、除。真正困難的是要有想像力跟考慮周全。其中有兩個重點要注意：

① 任何一個機率數值，範圍一定在 0 到 1 之間。不會比 1 大，因為不可能出現「1 個打席擊出 2 支安打」的超現實情形。

② 一個事件的所有可能發生的狀況，都有對應的機率值，加起來的總和是 1。

丟硬幣只有「正面」或「反面」兩種狀況，
所以正面的機率＋反面的機率＝1。

說起降雨預報，明天只有「下雨」跟「沒下雨」兩種狀況，所以下雨的機率＋沒下雨的機率＝1。

對發票是中獎的機率＋沒有中獎的機率＝1。

丟骰子複雜一點：出現 1 點的機率＋ 2 點的機率＋ 3 點的機率＋ 4 點的機率＋ 5 點的機率＋ 6 點的機率＝1

學會前面兩個重點後，就來開始計算機率。首先想像以下的情境：走到便利商店飲料櫃前，店員已經在櫃子裡先擺好各種飲料種類。你閉上眼睛，從櫃子裡拿一罐飲料。每一罐飲料都「同樣可能」被拿到。

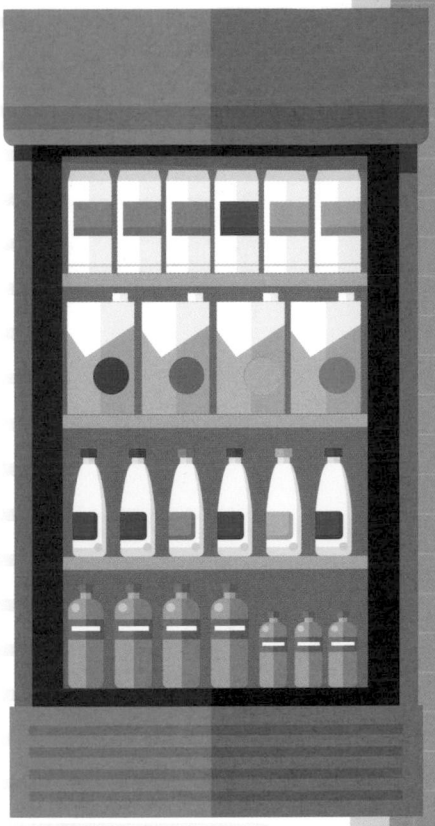

以丟銅板為例，飲料櫃裡只有 2 罐飲料：1 罐寫著正面、1 罐寫著反面。2 罐飲料平分總和為「1」的機率，每次拿到標示正面或反面飲料的機率就是：1÷2 = 0.5。

如果是丟骰子，就是總共 6 罐飲料，上面標著不同的點數。6 罐飲料平分總和為「1」的機率。每次丟骰子，你拿到任何一種點數的機率就是 1÷6，大約是 0.167（或者用分數表示，寫作 $\frac{1}{6}$）。

機率的乘法原理

你看出關鍵了嗎？機率計算的重點是：搞清楚飲料櫃裡有哪些飲料。骰子跟硬幣各準備 2 罐和 6 罐；現實的狀況比較複雜，比方說：叮叮的早餐店裡的飲料有豆漿、鮮奶茶等 2 種；三明治有 3 種口味：火腿、培根、總匯。你最喜歡的是鮮奶茶配火腿三明治，但爸爸總是隨便亂買。

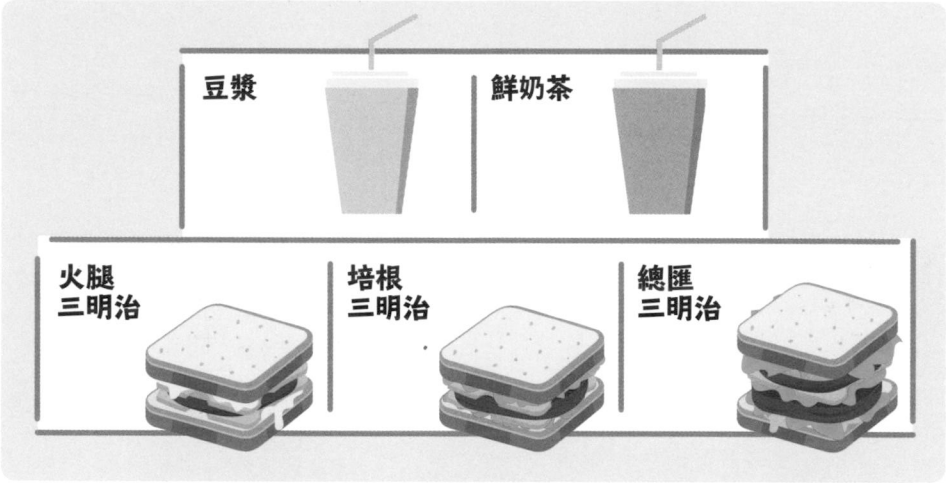

一早起床後，聽到爸爸在客廳叫你吃早餐。你覺得名為「早餐組合」裡，此刻有幾種組合？

2×3＝6　或　2＋3＝5

如果你覺得是 2＋3＝5，再看 2 個例子。

換成買便當，主菜有排骨跟雞腿，主食有炒麵、炒飯、白飯，你可以選擇的便當組合有幾種？或是你有3個喜歡的玩偶，每個玩偶各自出基本款跟限定款2種款式，請問想全部收集，一共要收集幾個？

以上的答案都是6。在便當的例子，因為要吃主菜（2種）、又要吃主食（3種），而不是主菜或主食只吃一種（2 + 3 = 5）。每個玩偶都有2種造型，所以3個玩偶共有2×3 = 6種造型。反應這個情境的數學運算是乘法，而不是加法。

我們可以用圖形說明早餐組合：

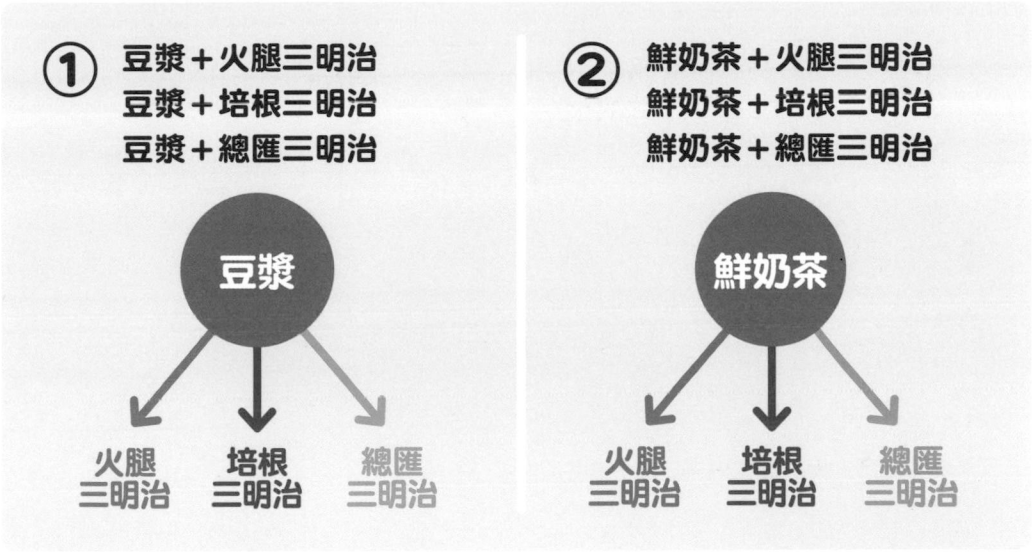

既然共有6種，隨便選其中一種的機率就是 $\frac{1}{6}$。故事裡點餐的問題更複雜，但只要掌握乘法的規則，還是可以算出來。

4
8
BINGO
BINGO
3
5
BINGO
10
7

第三章

我愛露露賓果盤

無法想巷餐廳的天花板漸漸變暗了。神奇的是，天花板上出現點點的星光。

「我在科博館看過，這是360度的星象儀。」白熊說。

「像在露營吃飯呢。」叮叮慢慢品味她點的鴨胸：「太好吃了。」

在他們吃飯時，吧檯閃了一閃，後頭的瓶瓶罐罐不見了，變成一片墨綠，並出現一排字：「歡迎參加春田小學宇宙數學社社聚。」

「原來是投影幕。」叮叮低聲的說。

下一道菜上來時，盤子上沒食物，是一張紙……

叮叮咚，鳳凰露露看看大家：「最終極的考驗終於來了，今天要選出春田小學代表隊。」

「今天？要代表什麼？」好多人問。

鳳凰露露撥了撥頭髮：「窩們社團主要是找尋對數學敏感度高的孩子，泥們之前都已經拿到了入場券。前面幾次考驗，三愛和三仁的孩子表現特別好，」她說到這裡，看看小哲他們、又看看怪咖三人組。

「而今天，哪一隊搶到這場勝利，塔們將代表春田小學，與四季鎮的其塔學校椅嬌高蝦。」

「什麼是椅嬌高蝦？」小哲問。

「是一較高下。」白熊向小哲解釋。

叮叮舉起手：「比賽什麼呢？」

「賓果！」鳳凰露露指著盤子上的方格紙。

這種紙上遊戲，他們在學校都玩過。每人準備1張5×5的方格紙，可以二人或多人玩，最先在紙上集滿5條水平線、垂直線或對角線的人獲勝。

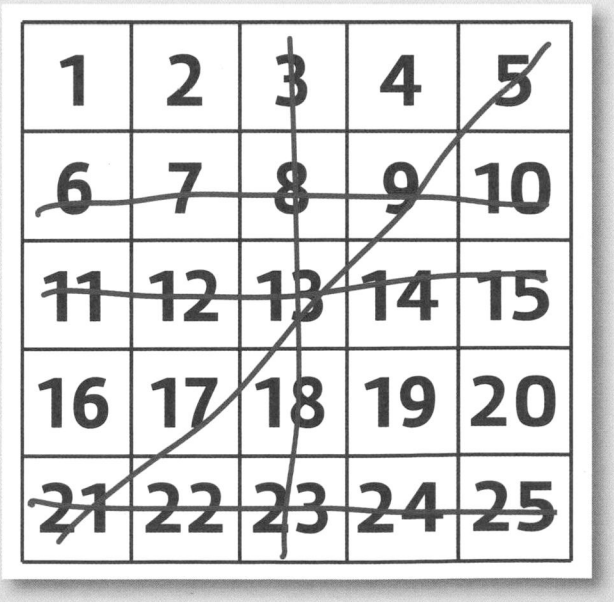

「螢幕上，每一次會有兩顆骰子轉動，把塔們的點數加起來。」鳳凰露露解釋遊戲規則。

白熊聽到這兒問：「兩顆骰子最少是 1 + 1 = 2 點，最多是 6 + 6 = 12 點。2、3、……12 共有 11 種數字。但是方格紙是 5×5，有 25 格。11 種數字不夠填。」

鳳凰露露給他一個讚賞的眼神：「同一種數字最多可以重複填 3 次。」比賽開始時，兩顆骰子擲出來的點數相加是幾點，泥們就能劃掉表格上的相同數字。如果剛好對到表格的重複數字，泥們挑一個劃。如果都已經被劃過，就什麼事都不能做。」

我愛露露賓果盤規則

規則 1　25 格方格可以填上數字 2 ～ 12，每種數字最多重覆填三次。

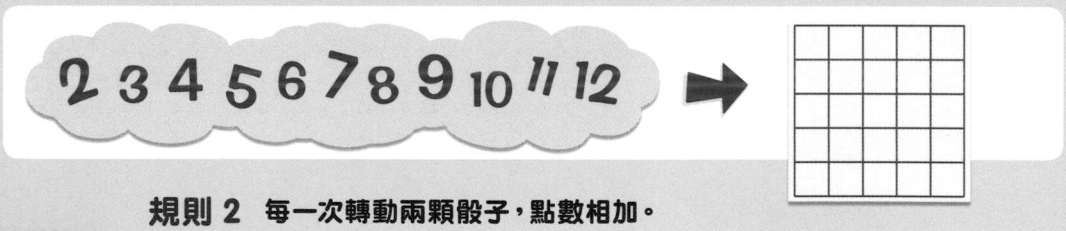

規則 2　每一次轉動兩顆骰子，點數相加。

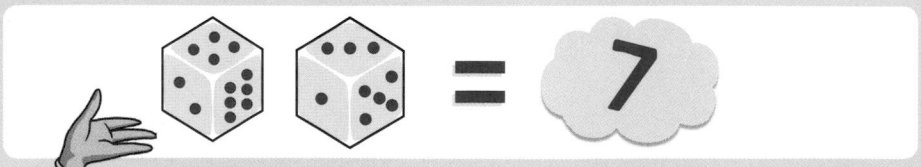

規則 3　出現的數字，就畫掉表格對應數字。
如果表格有重覆數字，就自行挑選一個。

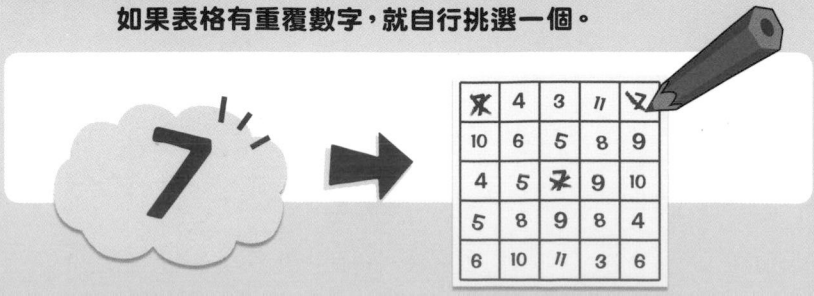

聽到這裡，小哲歡呼一聲，拿起鉛筆，立刻填了起來：「好了，等賓果囉！」

鳳凰露露笑一笑：「不多考慮一下嗎？」

「不必。」小哲答得很快。

「我們討論一下，別急。」白熊急忙喊聲停。

叮叮和小哲同時問他：「賓果就靠運氣啊，還要討論什麼？」

白熊想起剛才鳳凰露露的提示：「你們剛才點了不同的餐點，卻有相同的價格，那麼這11種數字中，有沒有哪些數字特別容易出現呢？」

他這樣一說，大家都低著頭想了一下，白熊補充：「2 顆骰子，各有 6 種點數，就像是 6 道主菜跟 6 道沙拉，一共有 36 種點菜的方法。相加的點數就好比價格，不同的組合可能會有同樣的價格。」

「有道理。」小哲用筆列出各個數字：

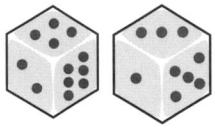

2～12 點的骰子組合有哪些？

2 點的組合有：(1,1)

3 點的組合有：(1,2)、(2,1)

4 點的組合有：(1,3)、(3,1)、(2,2)

7 點出現的次數最多，有：(1,6)、(2,5)、(3,4)、(4,3)、(5,2)、(6,1)

一共有 6 種組合。

Q 想想看，剩下 5、6、8 ～ 12 點的組合是長怎樣？

「總共有 36 種組合，7 點就占了 6 種，**機率是 $\frac{6}{36}=\frac{1}{6}$**。理論上每骰兩顆骰子 6 次，就會有 1 次的相加結果是 7。」白熊說：「所以 7 一定要填 3 次。」

小哲仔細看完所有的組合：「6、8是第二容易出現的數字，而2和12出現的機率很少，所以要多擺7或7附近的數字，2和12少放一點。」

「甚至可以不填」。叮叮拍拍手：「哇，沒想到連擲骰子都有這麼多學問。」

「那我來填囉。」叮叮看看別人，好像很多組都填完了。

小哲把方格紙拿過去仔細看看，手指在上頭畫著線。「別急哦，你們看，中間這一格最重要，會有4條直線通過它，所以要擺7；4個角落跟對角線經過的地方也都有3條直線經過。」

小哲一說完，叮叮突然很慎重的看著他：「你真的不一樣了，愈來愈會看出關鍵。」

「這都是跟你學的嘛。」小哲說完，開開心心的把數字填進格子裡。

他們放棄了最不容易出現的2和12，把重兵擺在7附近的數字，同時也把這些數字，放在中間及四個角落。

小哲的設計

7	4	3	11	7
10	6	5	8	9
4	5	7	9	10
5	8	9	8	4
6	10	11	3	6

「我們一定會贏吧。」小哲信心滿滿。果然，第一組數字：兩顆骰子，一顆 5、一顆 2，就是個幸運 7。他們很快就連成一條直線。

神奇的是，當一條線連成之後，他們坐的地方，連桌帶椅往上升高。

「好像舞臺哦。」叮叮站起來，像個明星般，拉起衣服一角，朝底下的人微微敬個禮。

「別急，我們馬上超過你們。」怪咖三人組叫著。

「那怎麼可能呢？」小哲朝大家笑一笑，指指自己的格子紙：「我們都一條線了。」

對，他們都一條線了。但很快的，怪咖三人組也一條線。然後，其他組也跟著一條線，兩條線的升上來。

更厲害的是怪咖三人組，他們竟然一下子竄了兩階，升到三條線。他們手舞足蹈的升上第三階，方向還不忘向他們扮個鬼臉，嘲笑他們是：「你們這幾個地洞人還住一樓啊！」

小哲氣得臉都紅了，好不容易才連成第二條線，但下個號碼一出來，是2。

「我們沒有選2。」白熊扼腕的說：「這麼冷門的數字……」

可是怪咖三人組竟然選了2。現在，他們直接升到了第四階。

「再一步、再一步，三仁的隊伍拿冠軍；再一步、再一步，三愛的地洞人哭哭。」怪咖三人組樂壞了。

小哲用手指堵住耳朵，白熊苦笑：「沒辦法，這是比賽。」

「他們只是運氣好。」叮叮沒放棄，她耐心看著格子。如果能出現……

鳳凰露露宣布數字，小哲正要找格子紙上的8，旁邊的叮叮突然歡呼一聲：「賓果，我們賓果了。」

7	4	3	11	7
10	6	5	8	9
4	5	7	9	10
5	8	9	8	4
6	10	11	3	6

「怎麼可能，竟然是8。」方向不相信。

叮叮抱著小哲，興奮的把格子紙拿給他看：「8，是8，我們圈了它，一次完成三條線。」

賓果！

椅子像是回應她的話，三人快速的上升。先升過怪咖三人組，又升到了天花板，漆黑的天花板滑出一道四方形的門。他們三個人就這樣坐到了無法想巷餐廳的頂端。

外頭，其實金光普照，只是黃昏呢。四季鎮沐浴在金光下，幾隻金色麻雀飛到他們腳旁。叨來一張閃耀著紅光的卡片。

「宇宙星球卡？」小哲大叫。

「是火星。」白熊說。

春田小學代表隊集訓教室

「我們真的贏了。」直到現在，小哲還是不太相信。

「那是我們努力過又加上擋不住的運氣。」叮叮興奮的拉著小哲和白熊說：「我們現在是春田小學的代表隊。只是，這代表隊要做什麼呢？」

他們看看腳下，那裡有一道溜滑梯。

「孩子們，滑下去吧。」老師聲音傳了上來。

「滑下去？」他們三個尖叫著。

「滑下去吧，窩的春田小學代表隊。」

他們三個相互看了一眼，就只是一個溜滑梯嘛。面對著夕陽，望著春田小學的操場，他們手牽著手，同時往前一躍，哇！

風聲咻咻，速度很快，看起來很近的溜滑梯，卻覺得滑了很久。下來應該是草地，但等他們睜開眼睛一看，他們竟然滑到了學校的體育器材室。旁邊的教室門被風吹開了，陰陰暗暗的教室，亂七八糟的地面，就黑板上，被人用粉筆寫著一行歪七扭八的大字……

這個冒險故事還沒有結束……

和春田小學一樣，在小鎮的幾個角落，同時出現一陣眩目閃光。

靠近大池塘那邊，四位小女生又叫又跳的：「我們拿到3張星球卡了。

離鎮上最遠的小學，有個頭特別大的男孩把卡片扔進書包，一腳踩進宇宙數學社集訓室裡：「還有挑戰嗎？我最愛挑戰了。」

門砰的一聲關上，裡頭有銀色的閃光啪啪跳動。天哪，這是……

小鎮中心，一對雙胞胎兄弟互相望了一眼，很有默契的專心研究這些星球卡。

「這裡一定有什麼祕密。」雙胞胎的哥哥說。

「但沒有我們解不開的祕密。」雙胞胎的弟弟說。

叮叮、小哲和白熊不但加入宇宙數學社，竟然還成為代表隊！究竟之後要怎麼和其他隊伍一同接受挑戰呢？別著急，先讀後面的數感百科做好萬分準備吧！

數感百科

比直覺更好用的機率

機率很有趣的是，看起來很像的情境，有時候稍微轉個彎，機率值就大不相同。如果爸爸買早餐回來後，問你：「猜我花多少錢？」

早餐店的價格是：

豆漿	鮮奶茶	火腿三明治	培根三明治	總匯三明治
25 元	30 元	25 元	30 元	35 元

你覺得猜多少錢比較容易答對呢？我們把價格寫在剛剛的圖上。

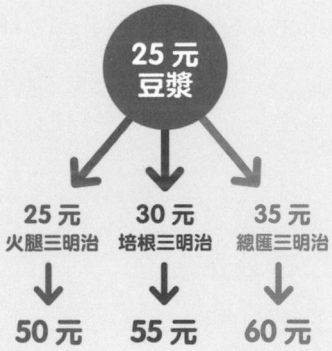

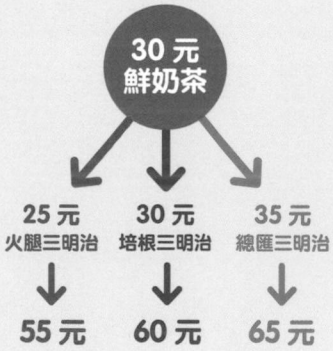

雖然有 6 種飲料跟三明治組合，但 2 種組合「豆漿＋培根三明治」、「鮮奶茶＋火腿三明治」的價格都是 55 元；另外 2 種組合「豆漿＋總匯三明治」、「鮮奶茶＋培根三明治」的價格都是 60 元。

換成看價錢，6 種組合不再是完全不同，而是 50 元 1 種、55 元 2 種、60 元 2 種、65 元 1 種。對應的機率就是：

50 元的機率 $= \frac{1}{6}$

55 元的機率 $= \frac{2}{6} = \frac{1}{3}$

60 元的機率 $= \frac{2}{6} = \frac{1}{3}$

65 元的機率 $= \frac{1}{6}$

所以猜 55 元或 60 元，比較有可能猜對。

故事最後，白熊他們玩骰子賓果時，刻意多寫幾個 7，避掉 2 跟 12，就是同樣道理。兩顆骰子一起丟，會出現 6×6 = 36 種狀況。

第一顆骰子點數，第二顆骰子點數

總和 2 點：(1,1)

總和 7 點：(1,6)、(2,5)、(3,4)、(4,3)、(5,2)、(6,1)

即使不動手算，一直丟骰子也可以感受到 7 點比 2 點更常出現；但會算機率，就可以精準知道，7 點出現的機率是 2 點的 6 倍！

來挑戰一開始的問題

經過一連串介紹後，你打造好腦海裡的機率磅秤了嗎？讓我們用一開始的問題來檢測看看吧。

在用比例來分配發票獎金 200 元的問題裡，根據「現在誰贏幾把」來分配獎金一看之下好像可以，但仔細想想，根據「獲勝機率」來分配獎金，才是更合理的選擇。

贏 3 把的人獲勝，你贏 2 把、朋友贏 1 把。所以接下來：

第一種情況：

第 4 把是你贏 → 機率是 0.5

第二種情況：

第 4 把朋友贏的機率是 0.5，第 5 把你贏的機率是 0.5

→ 朋友贏第 4 把，但你贏第 5 把的機率是 0.5×0.5 = 0.25

將兩種結果的機率加起來，你獲勝的機率 0.5 + 0.25 = 0.75。

既然你有 0.75 的獲勝機率，那就應該分到 200×0.75 = 150 元。

如果這樣算有點麻煩，換個角度想，分析朋友會贏的機率看看吧。

朋友只有一種情況會贏，就是需要連贏第 4 把跟第 5 把：

第 4 把朋友贏的機率是 0.5
第 5 把朋友贏的機率是 0.5
→ 連贏第 4 把跟第 5 把是 0.5×0.5 = 0.25

還記得機率計算的第二個重點嗎？一個事件中，所有可能發生的狀況，加起來的機率總和是 1。
→ 你贏的機率＝1－朋友贏的機率＝1－ 0.25 = 0.75。

比起剛剛要算兩個結果，算出來的機率值還要相加，利用第二個重點就能一下子算出來。

這就是數學有趣的地方，解數學問題就像去一個國家旅行，有很多條不同的旅遊路線。如果有一條路很難走，硬著頭皮慢慢走，寫下許多計算過程，當然是一種方法；但有些時候，不妨先退一步，思考有沒有別條路。說不定你會看到，原來只要轉個彎，一道數學式子就能幫你抵達目的地了。

數感遊戲

我愛露露賓果盤

又一次，看到小哲3人運用數感觀察，從中發現規律，擊敗對手獲得勝利。你覺得你比小哲他們更厲害嗎？給你一個機會跟春日小學代表隊一較高下吧。

一起來玩這場骰子賓果，下圖是春日小學代表隊的設計。小哲他們說關鍵在於：

① 在數字2到12中，中間的數字比較容易出現。

② 方格紙正中間的格子最重要，再來是兩條對角線經過的位置。

那你又會怎麼設計呢？

7	4	3	11	7
10	6	5	8	9
4	5	7	9	10
5	8	9	8	4
6	10	11	3	6

遊戲道具 請從書末遊戲配件頁自行影印後剪取

❶ 6 面的骰子 1 顆 ※ 請自行準備。

❷ 12 面的骰子 1 顆 ※ 請自行準備。

❸ 賓果板 4 張（5×5 方格）

❹ 1 到 12 的數字小卡

每一種數字各 10 張。每張數字小卡有兩面，一面灰色、一面紅色。

1	1	1	1	1	1	1	1	1	1
2	2	2	2	2	2	2	2	2	2
3	3	3	3	3	3	3	3	3	3
4	4	4	4	4	4	4	4	4	4
5	5	5	5	5	5	5	5	5	5
6	6	6	6	6	6	6	6	6	6

7	7	7	7	7	7	7	7	7	7
8	8	8	8	8	8	8	8	8	8
9	9	9	9	9	9	9	9	9	9
10	10	10	10	10	10	10	10	10	10
11	11	11	11	11	11	11	11	11	11
12	12	12	12	12	12	12	12	12	12

1	1	1	1	1	1	1	1	1	1
2	2	2	2	2	2	2	2	2	2
3	3	3	3	3	3	3	3	3	3
4	4	4	4	4	4	4	4	4	4
5	5	5	5	5	5	5	5	5	5
6	6	6	6	6	6	6	6	6	6

7	7	7	7	7	7	7	7	7	7
8	8	8	8	8	8	8	8	8	8
9	9	9	9	9	9	9	9	9	9
10	10	10	10	10	10	10	10	10	10
11	11	11	11	11	11	11	11	11	11
12	12	12	12	12	12	12	12	12	12

遊戲玩法 參與人數上限 4 人

❶ 依據玩的人數，決定數字小卡的數目

規則是：每種數字的小卡數目＝人數 ×2 ＋ 1。比方說，2 個人玩，每種數字卡各要 5 張。

❷ 每一輪用猜拳或輪流，決定拿卡片的順序

直到所有人都拿齊 25 張卡片，填滿賓果板。

卡片放在賓果板，將灰色朝上。

❸ 使用 1 顆 1 ～ 6 點的六面骰子

每人輪流丟骰子兩次，若 2 次骰子丟出的點數總和，對應到賓果板上的灰色數字，則將卡片翻至紅色面（表示已選）。如果對應的灰色數字同時有好幾個，任意選擇一個。如果沒有對應到灰色數字或都是選過，這輪跳過。

❹ 最先用紅色卡片連出 5 條線的人獲勝。

進階玩法

❶ 改用其他種類骰子

12 面的骰子擲 1 次，或是 6 點骰子 (4、5、6) 視為 (1、2、3) 點，重複擲 4 次。或其他種類的骰子，只要符合點數加總最大是 12 點即可。

❷ 假想敵對決

如果你想跟春日小學比賽，可以讓爸媽或同學使用前頁春日小學的排法，來場假想敵對決吧。

數感思考

親身參與故事裡的比賽，你有沒有以下的感受呢？丟 6 面的骰子，每一面數字出現的次數差不多，但丟 2 次 6 面骰子加起來是 7 點出現的次數真的比較多！還有，就算按照小哲他們發現的規則，多擺一些 7、6、8 等在 2~12 正中間的數字，而且擺在正中間和對角線上。但還是不能百分之百一定獲勝。2 或 12 這種邊緣的數字有時候就是會莫名其妙連續出現好幾次，或是 3 出現的比 5 還多次，真是氣死人。

上面這兩點，就是我們一再強調的機率特質。雖然理論上 7 最容易出現，但如同連續丟 4 次銅板，不會總是 2 次正面、2 次反面，每回合出現最多次的點數也不一定是 7。小哲他們根據機率設計的擺法，不能保證你每盤都贏；只能確保你如果玩很多盤，比起沒根據機率的亂擺，你會贏比較多場。

能夠丈量捉摸不定的運氣的數學 —— 就是機率。最後想想看，當我們用不同面數的骰子來玩，7 依然是最容易出現的點數嗎？還是有別的點數跟 7 一樣，甚至比 7 還容易出現呢？

給家長的數感叮嚀

數學課綱中關於機率統計的類別稱為「資料與不確定性」，雖然要到國高中才學機率，但小學中年級起，小朋友就會學到如何製作統計圖表，六年級學到根據統計資料，判斷可能或不可能，算是機率的前菜。

機率在生活中非常實用。到書店走一圈，科普書提到的熱門數學知識，機率一定榜上有名。知名的美國數學家亞瑟・班傑明（Arthur Benjamin）甚至倡議以「機率與統計」為主軸來規劃國民數學教育：瞭解數據、懂得風險、隨機性、預測未來、分析趨勢等，都是生活中需要具備的能力，也都跟機率密不可分。我個人認同班傑明教授的說法，因此在上冊的最後一集，就來聊聊機率。

讓直覺揮空的機率

曾有學者認為，人類進步是因為懂得梳理出因果關係。但也因為總是習慣找出原因，對於「隨機」這樣不存在因果的概念便下意識的抗拒。直覺在機率的面前往往失效。本集我們慢慢來，先讓小朋友感受到「可能性」，故事裡的成員把幾件事情從不可能到可能排序，您可以再來一個進階版：樂透中頭獎、大雷雨被雷打到、發票中 200 元、10 位朋友至少 2 人同一天生日、丟骰子丟出 6 點、玩撲克牌 5 張裡有 1 對、丟銅板丟出正面、10 位朋友交換禮物後有人拿到自己的禮物。我們按照機率由小到大列出來，您把順序打亂，請小朋友排一次。再公布答案，讓他們意識到直覺多不精準。

機率的不確定性

數學講解的一開始，我們連結回第三集的單位、第五集的比，讓小朋友用學過的知識來類比。然而「丟 10 次銅板不是 5 次正面、5 次反面」這種機率值跟實驗結果不一致，還是會造成小朋友的理解困難。

「丟 20 次有 15 次正面、5 次反面。是不是下一次丟 20 次，就有 5 次正面，15 次反面呢？不然不會是 $\frac{1}{2}$ 啊？如果是的話，那就表示每次丟的機率不一樣，怎麼又能說是 0.5 呢？」
有一陣子，我雖然考試沒問題，但對於機率的基本觀念一直搞不懂。後來才了解，應該要想成是

「雖然差了 10 次，但既然機率是 0.5，再丟 200 萬次，我們可以想像正面跟反面各 100 萬次。加上前 20 次，正面是 1,000,015 次，反面是 1,000,005 次。兩者很接近機率 0.5」

機率永遠固定，不會自動調整，是誤差會隨著丟的次數愈多，逐漸被消彌，讓實驗結果趨近於機率理論值。而這也解釋了為什麼我們說機率是試驗很多次後的結果。

您在解釋上面的觀念時，不妨和小朋友一起丟 10 次、100 次，500 次硬幣，丟完統計一下。讓他們親眼看見誤差逐漸變小的過程。

樣本空間是什麼

數學講解的中段介紹了幾項重要的機率知識，機率值的範圍在 0 到 1 之間，樣本空間內的所有事件對應的機率值，相加結果為 1。定義樣本空間是算機率的前置作業，許多情境只要搞清楚樣本空間的模樣，就能算出機率。偏偏樣本空間有時候很抽象，很容易想錯，比方說明天降雨機率 30%，有人就會誤以為是一天 24 小時的 30% 時間下雨，或臺灣 30% 的區域下雨。這些誤會的樣本空間都很具體，正確答案反而相對抽象：100 個平行時空，有著同樣天氣狀況的明天，其中的 30 個平行時空下雨，70 個不下雨。

同個情境，不同問法時的樣本空間也會不一樣。假設擲紅色、藍色兩顆骰子，如果只看不同顏色與骰子點數組合，樣本空間裡有 36 種狀況，發生機率相同，因此機率都是$\frac{1}{36}$。但如果只看相加後的點數，樣本空間又變成 2 點到 12 點共 11 種點數，以 7 點發生機率最高，2 點跟 12 點發生機率最低。

攻略難題的方式：化簡數字

書中還講了好幾個經典案例：分配獎金問題、三門問題（三寶箱）、生日問題。它們的共通點都是很違反直覺。我們解釋了最好理解的獎金分配。您或許可以進一步查資料，試著和小朋友討論其他兩個問題。其中，三門問題有一個很簡單的解釋方式：假設三道門，第一次選擇的中獎機率是 $\frac{1}{3}$，沒中的機率是 $\frac{2}{3}$。主持人從另外兩道門中開了一道，你若是此刻變更選擇，等於是從「賭第一次選擇中獎」，變成了「賭第一次選擇不中獎」，後者的機率是 $\frac{2}{3}$，所以中獎機率會提高。

生日問題沒有簡單的解釋方法，不過您可以嘗試把問題簡化，例如討論「3 個人之中，至少 2 人的生日是同一個星期幾」。計算方法是用全部去扣掉另外兩個人都要在不同天生日的機率，假如第一個人是星期一，第二個人只有星期二到日 6 天可以選，第三個人剩 5 天可以選

$$1-\frac{6\times5}{7\times7}=\frac{19}{49}$$

約是 39%，4 個人的時候

$$1-\frac{6\times5\times4}{7\times7\times7}=\frac{223}{343}$$

提升到約 65%。遇到一個棘手的數學問題，「縮小題目的數字」是一個很棒的切入方式，能更清楚建構出問題背後的邏輯架構，邏輯清楚了，再來看複雜數字的原本問題。拆解後的理解過程，往往會比一次挑戰難題更容易。這樣的觀念，也很值得跟小朋友分享，運用在他們的數學學習中。

數感小學冒險系列套書企劃緣起

國立臺灣師範大學電機工程學系助理教授、
數感實驗室共同創辦人／賴以威

我要向所有關心子女數學教育的家長，認真教學的國小老師脫帽致意，你們在做一件相當不容易的事，因為根據許多國際調查，臺灣學生普遍不喜歡數學、對自己的數學能力沒信心，認為數學一點都不實用。這些對數學的負面情意，不僅讓我們教小朋友數學時得不斷「勉強」他們，許多研究也指出，這些負面情意會讓學習效果大打折扣。

我父親是一位熱心數學教育的國小教師，他希望讓大家覺得數學有趣又實用，教育足跡遍布臺灣。父親過世後，我想延續他的理念，從2011年開始寫書演講，2016年與太太珮妤一起成立「數感實驗室」，舉辦一系列給小學生的數學實驗課，其中有一些受到科技部的支持，得以走入學校。我們自己編寫教材，試著用生活、藝術、人文為題材，讓學生看見數學是怎麼出現在各領域，引發他們對數學的興趣，最後，希望他們能學著活用數學（我們在2018年舉辦的數感盃青少年寫作競賽，就是提供一個活用舞台）。

「看見數學、喜歡數學、活用數學」。這是我心目中對數感的定義。
2年來，我們遇到許多學生，有本來就很愛數學；也有的是被爸媽強迫過來，聽到數學就反彈。六、七十場活動下來，我最開心的一點是：周末上午3小時的數學課，我們從來沒看過一位小朋友打瞌睡，還有好幾次被附近辦活動的團體反應可不可以小聲一點。別忘了，我們上的是數學課，是常常上課15分鐘後就有學生被周公抓走的數學課。

可惜的是，我們團隊人力有限，只能讓少數學生參與數學實驗課。於是，我從30多份自製教材中挑選出10個國小數學主題，它們是小學數學的重點，也是我認為與生活息息相關。並在王文華老師妙手生花的創作下，合作誕生這套《數感小學冒險系列套書》。這套書不僅適合中高年級的同學閱讀。我相信就算是國中生、甚至是身為家長與教師的您，也能從中認識到一些數學新觀念。

本套書的寫作宗旨並非是取代學校的數學課本，而是與課本「互補」，將數學埋藏在趣味的故事劇情中，讓讀者體會數學的樂趣與實用。書的故事讓小讀者看到數學有趣生動的一面；「數感百科」則解釋了故事中的數學觀念，發掘不同數學知識之間的連結，和文史藝術的連結；再來的「數感遊戲」延續數學實驗課動手做的精神，透過遊戲與活動，讓小朋友主動探索數學。最後，更深入的數學討論和故事背後的學習脈絡，則放在書末「給家長的數感叮嚀」，讓家長與老師進一步引導小朋友。

過去幾年來，我們對教育有愈來愈多元的想像，認同知識不該只是背誦或計算，而是真正理解和運用知識的「素養教育」。許多老師和家長紛紛投入，開發了很多優秀的教材、教案。希望這套書能成為它們的一分子，得到更多人的使用，也希望它能做為起點，之後能一起設計出更多體現數學之美的書籍與活動。

王文華×賴以威的數感對談

用語文力和數學力
破解國小數學之壁

不少孩子怕數學，遇到計算題，沒問題。但是碰上應用題，只要題目文字長些、題型多點轉折，他們就亂了。數學閱讀對某些孩子來說像天王山，爬不上去。賴老師，你說說，這該怎麼辦？

這是個很有趣的現象，我們希望小朋友覺得數學實用（小朋友也是這麼希望），但跟現實連結的應用題，卻常常是小朋友最頭痛的地方。我覺得這可能有兩種原因：

① 實用的數學情境需要跨領域知識，也因此它常落在三不管地帶。

② 有些應用題不夠生活化、也不實用，至少無法讓小朋友產生共鳴。

老師的數學太專業了啦！

原來如此，難怪我和賴老師在合作這套書的過程，也很像在寫一個超級實用又有趣的數學應用題。不過你寫給我的故事大綱，讀起來像考卷，有很多時候我要改寫成故事時，還要不斷反覆的讀，最後才能弄懂。

呵呵，真不好意思，其實每次寫大綱都想著「這次應該有寫得更清楚了」。你真的非常厲害，把故事寫得精彩，就連數學內涵都能轉化得輕鬆自然。我自己也喜歡寫故事，但看完王老師的故事都有種「還是該讓專業的來」的感嘆。

而且賴老師，我跟你說：大人們總是覺得看起來簡單得要命的小學數學，為什麼小孩卻不會？

最大一個原因在於大人忘了他們當年學習的痛苦。

這並不是賴老師太壞心，也不是我數學不好，而是數學學習和文學閱讀各自本來就是不簡單，兩者加起來又是難上加難，可是數學和語文在生活中本來就分不開。再者，寫的人與讀的人之間也是有著觀感落差，往往陷入一種自以為「就是這麼簡單，你怎麼還不懂」的窘境。

小朋友怎麼從一個具象的物體轉換成抽象的數學呢？

➜ 當小朋友看到一條魚（具體）

➜ 腦中浮現一隻魚的樣子（一半具體）

➜ 眼睛看到有人畫了一條魚（一半抽象）

➜ 小朋友能夠理解這是一條魚，並且寫出數字 1

大人可以一步到位的 1，對年幼的孩子來講，得一步步建構起來。

還有的老師或家長只一味要求孩子背誦與解題，忽略了學習的樂趣，不斷練習寫考卷。或是題型長一點，孩子就亂算一通。最主要的原因是出在語文能力不足，沒有大量閱讀的基礎，根本無法解決落落長又刁鑽得要命的題型。

以色列理工學院的數學教授阿哈羅尼（Ron Aharoni）提到，一堂數學課應該要有三個過程：從具體出發，畫圖，最後走向抽象。小朋友學習數學的過程非常細微，有很多步驟需要拆解，還要維持興趣。照表操課講完公式定理也是一堂課，但真的要因材施教，好好教會小朋友數學，是一門難度很高的藝術。而且老師也說得沒錯，長題型的題目也需要很好語文理解能力，同時又需要有能力把文字轉譯成數學式子。

確實如此，當我們一直忘記數學就存在生活中，只強調公式背誦與解題策略，讓數學脫離生活，不講道理，孩子自然害怕數學。孩子分披薩，買東西學計算，陪父母去市場，遇到百貨公司打折等。數學如此無所不在，能實實在在跟數量打足交道，最後才把它們變化用數學表達出來。

沒有從事數學推廣前，我也不覺得數學實用、有趣。但這幾年下來，讀了許多科普書、與許多數學學者、老師交流後，我深信數學是非常實用的知識，甚至慢慢具備了如同美感、語感一樣的「數感」。我也希望透過這套作品，想要品味數學的父母與孩子感受到數學那閃閃發亮的光芒，享受它帶來的樂趣。

讓孩子喜歡數學的絕佳解方

臺灣大學電機工程系教授、PaGamO 創辦人／葉丙成

要讓孩子願意學習，最重要的是讓他們覺得學這東西是有用的、有趣的。但很多孩子對數學，往往興趣缺缺。即便數學課本也給了許多生活化例子，卻還是無法提起孩子的學習熱忱。

當我看到文華兄跟以威合作的這套《數感小學冒險系列》，我認為這就是解方！書裡透過幾位孩子主人翁的冒險故事，帶出要讓孩子學習的數學主題。孩子在不知不覺中，隨著主人翁在故事裡遇到的種種挑戰，開始跟主人翁一起算數學。這樣的表現形式，能讓孩子對數學更有興趣、更有感覺！

而且整套書的設計很完整，不是只有故事而已。如果只有故事，孩子可能急著看完冒險故事就結束了，對於數學概念還是沒有學清楚。每本書除了冒險故事外，還有另外對應的數學主題的教學，帶著孩子反思剛才故事中所帶到的數學主題，把整個概念介紹清楚，確保孩子在數學這一部分有掌握這次的主題概念。

更讓我驚豔的，是每本書最後都有一個對應的遊戲。這遊戲可以讓孩子演練剛才所學到的數學主題概念。透過有趣的遊戲，讓孩子可以自發地做練習數學，進而培養孩子的數感。我個人推動遊戲化教育不遺餘力，所以看到《數感小學冒險系列》不是只有冒險故事吸引孩子興趣，還用遊戲化來提昇孩子練習的動機。我真心覺得這套書，有機會讓更多孩子喜歡數學！

用文學腦帶動數學腦，幫孩子先準備不足的先備經驗

彰化原斗國小教師／林怡辰

數學，是一種精準思考的語言，但長期在國小高年級第一教學現場，常發現許多孩子不得其門而入，眉頭深鎖、焦慮恐懼。如果您的孩子也是這樣，那千萬別錯過「數感小學冒險系列」。

由小朋友最愛的王文華老師用有趣濃厚的故事開始，故事因為主角而有生命和情境，再由數感天王賴以威老師在生活中發掘數學，連結生活，發現其實生活處處都是數學，讓我們系統思考、解決問題，再引入教具，光想就血脈賁張。眼前浮現一個個因為太害怕而當機的孩子，看著冰冷數字和題目就逃避的臉孔。喔！迫不及待想介紹他們這套書！

專對中高年級設計，專對孩子最困難的部分，包括國小數學的大數字進位、時間、單位、小數、比與比例、平面、面積和圓、對稱、立體與展開，不但補足了小學數學課程科普書的缺乏，更可貴的是不迴避正面迎擊孩子最痛苦的高階單元。最重要的是，讓喜歡文學的孩子，在閱讀中，連結生活經驗，增加體驗和注意，發現數學處處都是，最後，不害怕、來思考。

常接到許多家長來信詢問，怎麼在學校之餘有系統幫助孩子發展數學運思，以往，我很難有一個具體的答案。現在，一起閱讀這套書、思考這套書、操作這套書，是我現在最好的答案。

從 STEAM 通向「數感」大門！

臺南師範大學附設小學教師／溫美玉

閱讀《數感小學冒險系列》就像進入「旋轉門」，你能想像門一打開，數學會帶你到哪些多變的領域嗎？

數學形象大翻身

相信大部分孩子對數學的印象，都跟這套書的主角小哲剛開始一樣吧？認為數學既困難又無趣，但我相信當讀者閱讀本書，跟著小哲進入「不可思『億』巧克力工廠」、加入「宇宙無敵數學社」後，會慢慢對數學改觀。為什麼呢？因為這本書蘊含「數感」這份寶藏！「數感」讓數學擺脫單純數字間的演練、習題練習，它彷彿翻身被賦予了生命，能在生活、藝術、科學、歷史中處處體會！

未來教育5大元素，「數感」一把抓

以下列舉《數感小學冒險系列》的五大特色：

①「校園故事」串起3人冒險

有故事情節、個性分明的角色，讓故事貼近孩子的生活。

②「實物案例」數學也能在日常生活中刷存在感

許多生活中理所當然的日常用品，都藏有數學的原則。像是鞋子尺寸（單位）、腳踏車前後齒輪轉動（比與比例）等，從中我們會發現人生道路上，數學是你隨時可能撞見的好朋友。

③「創意謎題」點燃孩子求知心

故事中的神祕角色鳳凰露露老師設計了許多任務情境，當中巧妙融入數學概念的精神。藉由解謎過程，能激發孩子對數學概念的思考。

④「數感百科」起源/原理/應用一把罩

從歷史、藝術、工程、科學、數學原理等層面總結概念，推翻數學只是「寫寫算算」的刻板印象。

⑤「數感遊戲」動手玩數學

最後，每單元都附有讓孩子實際操作的遊戲，讓數學理解不再限於寫練習題！

STEAM的最佳代言人！

STEAM是目前國外最夯的教育趨勢，分別含括以下層面：
科學（Science）、科技（Technology）、工程（Engineering）、藝術（Art）以及數學（Mathematics）。但學校的數學課本礙於篇幅，無法將每個數學概念的起源、應用都清楚羅列，使孩子在暖身不足的情況下就得馬上跳入火坑解題，也難怪他們對數學的印象只有滿山滿谷的數字符號及習題。

若要透澈一個概念的發展歷程、概念演進、生活案例，必須查很多資料、耗很多時間，幸虧《數感小學冒險系列》這本「數學救星」出現，把STEAM五層面都萃取出來，絕對適合老師/家長帶領高年級孩子共讀（中、低年級有些概念太難，師長可以介入引導）。以下舉一些書中的例子：

① 科學 Science

「時間」單元的地球自轉、公轉概念。

② 科技 Technology

科技精神涵蓋書中，可以帶著孩子上網連結。

③ 工程 Engineering

「比與比例」單元的腳踏車齒輪原理。

④ 藝術 Art

「比與比例」單元的伊斯蘭窗花、黃金螺旋。

⑤ 數學 Mathematics

為本書的主體重點，包含故事中的謎題任務及各單元末的「數感百科」。

你發現了什麼？畢竟是實體書，因此書中較少提到「科技」層面，我認為這時老師/家長可以進行的協助是：

指導他們以「Google搜尋 / Google地圖」自主活用科技資源，查詢更多補充資料，比如說在「單位」單元，可以進行特定類型物件的重量/長度比較（查詢「大型動物的體重」，並用同一單位比較、排行）；長度/面積單位也可以活用Google地圖，感受熟悉地點間的距離關係。如此一來，讓數學不再單單只是數學，還能從中跨越科目進入自然、社會、資訊場域，這套書對於STEAM或素養教學入門，必定是妙用無窮的工具書。

增加「數學感覺」也是我平常上數學課時的重點，除了照著課本題目教以外，我也會時時在進入課程前期、中期進行提問（例如：「為什麼人類需要小數？它跟整數有什麼不同？可以解決生活中的什麼事情？」。在本書的應用上，可以結合這樣的提問，讓孩子先自己預測，再從書中找答案，最後向師長說明或記錄的評量方式，他們便能印象更鮮明。總而言之，我認為比起計算能力的培養，「數感」才是化解數學噩夢的治本法門，有了正向的「數學感覺」，才有可能點亮孩子對數學（甚至是自然、社會、資訊等）的喜愛，快用《數感小學冒險系列》消弭孩子對數學科的恐懼吧！

數感小學冒險系列

數感遊戲配件1

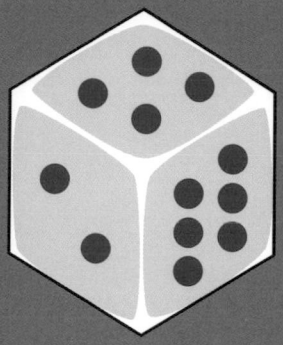

賓果卡

BINGO!

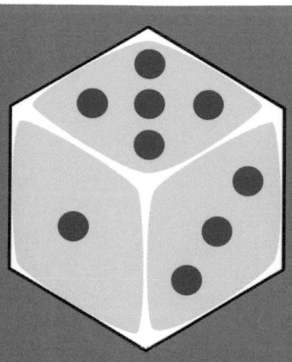

數感小學冒險系列

數感遊戲配件1

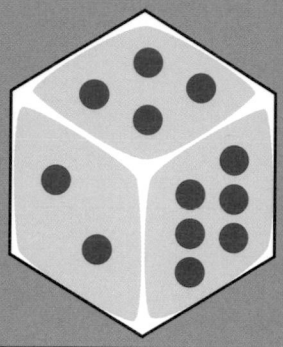

賓果卡

BINGO!

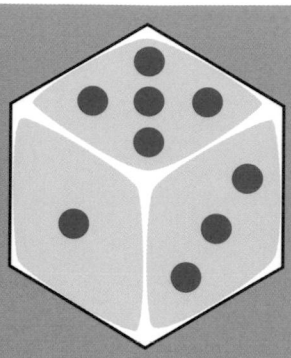

數感小學冒險系列

數感遊戲配件1

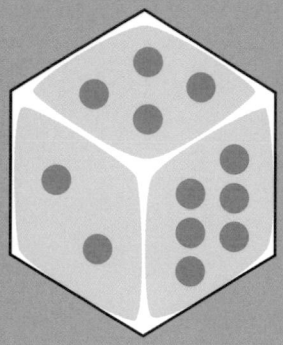

賓果卡

BINGO!

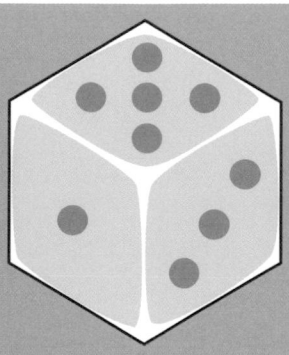

數感小學冒險系列

數感遊戲配件1

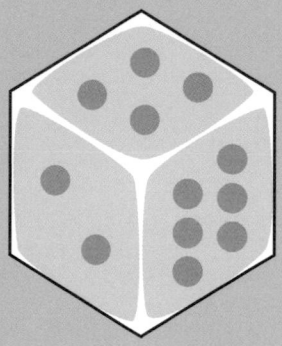

賓果卡

BINGO!

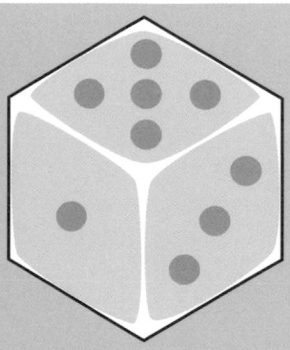

數感遊戲配件2　　1至6賓果數字卡，每種數字10張，共60張

1	1	1	1	1	1	1	1	1	1
2	2	2	2	2	2	2	2	2	2
3	3	3	3	3	3	3	3	3	3
4	4	4	4	4	4	4	4	4	4
5	5	5	5	5	5	5	5	5	5
6	6	6	6	6	6	6	6	6	6

1 2 3 4 5 6
1 2 3 4 5 6
1 2 3 4 5 6
1 2 3 4 5 6
1 2 3 4 5 6
1 2 3 4 5 6
1 2 3 4 5 6
1 2 3 4 5 6
1 2 3 4 5 6
1 2 3 4 5 6

數感遊戲配件2

7至12賓果數字卡，每種數字10張，共60張

7	7	7	7	7	7	7	7	7	7
8	8	8	8	8	8	8	8	8	8
9	9	9	9	9	9	9	9	9	9
10	10	10	10	10	10	10	10	10	10
11	11	11	11	11	11	11	11	11	11
12	12	12	12	12	12	12	12	12	12

7	7	7	7	7	7	7	7	7	7
8	8	8	8	8	8	8	8	8	8
9	9	9	9	9	9	9	9	9	9
10	10	10	10	10	10	10	10	10	10
11	11	11	11	11	11	11	11	11	11
12	12	12	12	12	12	12	12	12	12

知識讀本館

作者　王文華、賴以威
繪者　BO2、楊容
照片提供　Shutterstock、維基百科

責任編輯　呂育修
文字編輯　高凌華
美術設計　洋蔥設計
行銷企劃　陳雅婷

發行人　殷允芃
創辦人/執行長　何琦瑜
總經理　袁慧芬
副總監　林欣靜
版權專員　何晨瑋、黃微真

出版者　親子天下股份有限公司
地址　台北市 104 建國北路一段 96 號 11 樓
電話　(02) 2509-2800
傳真　(02) 2509-2462
網址　www.parenting.com.tw
讀者服務專線　(02) 2662-0332　週一～週五：09:00 ～ 17:30
讀者服務傳真　(02) 2662-6048
客服信箱　bill@service.cw.com.tw
法律顧問　台英國際商務法律事務所・羅明通律師
總經銷　大和圖書有限公司　(02) 8990-2588

出版日期　2020 年 4 月第二版第一次印行
定價　300 元
書號　BKKKC145P
ISBN　978-957-503-578-5 (平裝)

訂購服務
親子天下 Shopping　shopping.parenting.com.tw
海外・大量訂購　parenting@service.cw.com.tw
書香花園　台北市建國北路二段 6 巷 11 號 (02) 2506-1635
劃撥帳號　50331356 親子天下股份有限公司

國家圖書館出版品預行編目 (CIP) 資料

金麻雀召集令 / 王文華，賴以威文；BO2，楊容圖．-- 第二版．-- 臺北市：親子天下，2020.04
面；　公分．-- (數感小學冒險系列；6)

ISBN 978-957-503-578-5(平裝)

1. 數學教育 2. 小學教學

523.32　109003372

數感小學冒險系列

金麻雀召集令 6

有聲故事書

立即購買 >
親子天下 Shopping